Die Perlenfischerin

Perlen der göttlichen Weisheit

Die Perlenfischerin

Perlen der göttlichen Weisheit

Verlag DAS WORT GmbH
DER UNIVERSELLE GEIST
LEBEN IM GEISTE GOTTES

Verlag DAS WORT GmbH
DER UNIVERSELLE GEIST
LEBEN IM GEISTE GOTTES
Max-Braun-Str. 2, 97828 Marktheidenfeld
Tel. 09391/504-135, Fax 09391/504-133
Internet: http://www.das-wort.com

Druck: Santec Studio und Druckerei GmbH,
Marktheidenfeld

ISBN 3-89201-163-X

Zum Geleit

In diesem Buch sind einige Worte und Lehrsätze von Gabriele, der Prophetin und Botschafterin Gottes in unserer Zeit, für Sie zusammengestellt – es sind kostbare Perlen, geschöpft aus dem Strom der göttlichen Liebe und Weisheit, die Herz, Verstand und Seele ansprechen.

Wer die göttliche Kraft, Liebe und Weisheit dieser Perlen in seinem Leben fruchtbar werden läßt, erfährt ihren unschätzbaren Wert.

Wo keine Liebe oder
wenig Liebe ist, kann nichts wachsen.
Es kann nichts gedeihen.
Es ist vielleicht kurz ein Aufflackern
und dann ein Verglühen.

Liebe ist der Zündstoff und
der Brennstoff für unser Leben
und unser Tun.

So müssen wir uns fragen:
Ist das, was wir tun, nur ein
Aufflackern, oder ist es
aus der Liebe geboren?

Der Beweis, daß Gott existiert,
liegt einzig in uns.

Der Glaube allein macht
mit der Zeit stumpf und zweiflerisch,
aber der aktive Glaube gibt uns
die Gewißheit: In uns ist eine Burg.
In diese Burg können wir jederzeit
einkehren. In dieser Burg ist die Liebe,
die uns die Kraft gibt, die nächsten
Schritte zu tun. Es ist der große Geist
der Liebe, Der in Seinem Haus –
das wir ja sind: Wir sind der Tempel
Gottes – aktiv ist und uns den nächsten
Schritt weist.
Wir brauchen also keine Kirchen aus
Stein. Wir brauchen Jesus, den Christus,
und den guten Willen, Ihm nachzufolgen,
kann kommen, was will.

*Ohne Gottesliebe werden wir in den Tag
hineintaumeln und uns vom Tag
treiben lassen.
Die Gottesliebe erlangt man nur dann,
wenn man immer wieder ruhig wird,
wenn man sich immer wieder einmal
zurückzieht und sich darauf besinnt,
wer wir eigentlich in der Tiefe unseres
Wesens, in der Tiefe unserer Seele, sind.*

*Wir müssen erfahren und erleben,
daß Gott gegenwärtig ist.
Das erleben wir nur, wenn wir immer
wieder einmal abschalten,
uns kurze Zeit zurückziehen,
uns in die Ruhe begeben.*

Wir sind nicht allein.
Wir sind nur dann allein, wenn wir
glauben, wir müßten alles mit dem Kopf,
mit dem Oberbewußtsein, erfassen.

Doch wenn wir uns ab und zu Ruhe
gönnen, praktisch abschalten,
unsere Augen in der Natur schweifen
lassen, was ins Auge fällt,
gleichsam mit den Augen festhalten,
in der Leinwand des Inneren im Auge
erstehen lassen und die Augen schließen,
erleben wir die Gottesnähe.
Denn alles spiegelt sich wider in
unserem Inneren. Es spiegelt sich auf der
„Leinwand" des Auges, es spiegelt sich
in unserer Seele, es wirkt sich in unserem
Atem aus – und wir merken:
Wir sind nicht allein.
Wir sind geborgen durch eine Kraft,
die für uns unsichtbar ist, aber fühlbar.

Wir sollten unser Leben heiligen.

Das Leben mehr und mehr
zu heiligen heißt:
Uns ein geistiges Ziel vorzugeben,
also eine Zielsetzung im Sinne der Gebote
Gottes und der Bergpredigt Jesu,
und uns daran zu halten.

Leben ist Gott, und wer Gottes Willen
erfüllt, der lebt. Er wird den Tod weder
fühlen noch schmecken.

Das Leben kann nicht aufhören, zu leben.
Leben ist ein unversiegbarer,
unaufhörlich fließender Strom von Licht,
von göttlicher Energie.
Keine Energie geht verloren.

Die Ungerechtigkeit in dieser Welt
ist der Lohn der Welt.

Gott ist nicht das Recht der Richter,
sondern die Waage der Unendlichkeit.
Recht ist grausam,
Gerechtigkeit ausgleichend.

Wer willens ist, sich selbst
zu hinterfragen, sich in den Situationen
des Tages zu ergründen und zu erkennen,
der gewinnt.

Jeder Mensch hat seine spezifische
Lernaufgabe, die seine Seele
ins Erdendasein mitgebracht hat.
Wer sagt uns, welche?
Unser Tag verrät es uns auf mannigfache
Weise.

Die Wahrheit ist klar und im Grunde einfach. Gott ist die Größe. Und je einfacher das Ganze, die Wahrheit, zu erkennen ist, um so mehr erleben wir Gottes Größe.

Die ganze Unendlichkeit ist eingebettet in die große Einheit Gottes. Ob wir Pflanzen, Tiere oder Menschen betrachten, die Essenz ihrer Existenz sind immer die Bausteine des Lebens, sie sind auf Einheit ausgerichtet. In jeder Zelle – ob im Menschen, in der Pflanze, im Tier – ist der Geist. In allen Organen unseres physischen Leibes erleben wir den Baustein des Ganzen, es ist das Leben. Je nach Bewußtsein gestaltet sich die Einheit in Gott, und jeder Bewußtseinsstand trägt in sich die Bewegung des Lebens. Ob wir an Vögel denken, in deren Flügelschlag die Kraft und die Harmonie des Lebens sichtbar werden, ob wir an die Fische denken, die ihre Flossen bewegen – in allem ist das Grundmuster erkennbar, das Einheit bedeutet und in dem die Evolution angelegt ist.

Haben Sie sich aufgemacht,
Ihr Leben in die Hand zu nehmen,
so laufen Sie nicht Gefahr,
sich gleich in abstrakte Vorstellungen
zu verstricken.

Denken Sie darüber nach,
was Größe bedeutet.
Im Kleinsten,
im kleinsten Baustein der Materie,
liegt die Größe des Alls.

Uns sollte bewußt werden:
Kein Mensch kann sein Erdenleben
anderen überlassen, auch nicht
einer äußeren Religion.
Jeder Mensch ist vom großen Geist
gerufen, sich zu verfeinern, seinen
Charakter zu veredeln.

Beten heißt:
Mitfühlen und Verantwortung
zu tragen.

*Mit jedem Anhängen an Menschen,
an Gut und Geld und Besitz
werden wir schwächer.*

*Oft denken wir:
„Das und jenes möchte ich nicht tun" –
und könnten es doch tun.
Wir hängen uns an andere an,
daß sie es für uns tun.
Wir hängen an äußeren Werten
und können doch nichts mitnehmen.
Dadurch schwächen wir uns.*

Wie oft suchen wir,
daß es uns gut geht?

Suche das Gute nicht außerhalb,
es ist in dir.
Und unser geistiges Motto heißt:
Ich verwandle mich von innen
nach außen. Ich bearbeite mein
Allzumenschliches, um das neue
Menschenbild herauszuarbeiten,
weil es mir dann gut tut und
weil es mir gut geht.
Ich bin frei.

Groß ist der, der das, was er ist,
von dem inneren Wesen her ist –
also wir sehen, es gilt, von außen
nach innen und von innen nach außen
das zu werden, was Christus
immer und immer wieder anspricht:
Sei vollkommen, wie der Vater im Himmel
vollkommen ist.

Jeder Mensch,
ob er es glauben mag oder nicht,
ist auf dem Weg zur Vollkommenheit.

Sei still – Gott wohnt in dir.

*Gott geht mit mir in den Alltag,
Gott ist bei mir jede Stunde,
jeden Augenblick.
Gott will für mich das Beste.*

*Es ist der Christus Gottes, Der mich begleitet, Der mit mir am Arbeitsplatz ist, Der bei mir ist, einerlei, was auf mich zukommt. Er will, daß ich mich in allem, was mich bewegt, erkenne, und mit Seiner Kraft bereinige, so daß der neue Mensch entsteht, die Erneuerung des Lebens, die von innen kommt.
Denn in Christus zu leben macht glücklich.
In Christus zu leben ist der Lebensgewinn, den wir unglaublich brauchen –
gerade in unserer Zeit,
gerade in dieser trüben Welt.*

Was haben wir davon,
wenn wir unserem Nächsten das neiden,
was er besitzt und wir nicht haben?
Kann er es mit in die Ewigkeit nehmen?
Und hätten wir's, könnten wir's
mit in die Ewigkeit nehmen –
also einwärts nehmen zum Reich Gottes?

Was haben wir davon,
wenn wir unseren Nächsten mit Gedanken
immer und immer wieder belästigen,
auch mit Worten, daß er für uns
das tun soll, was wir selbst tun könnten?

Was haben wir davon,
wenn unser Nächster aufgrund
unserer Zwänge etwas tut, das er nicht
freiwillig für uns tut, sondern aufgrund
unseres Zwangs, unseres Eigenwillens?

Können wir das alles
mit in die Ewigkeit nehmen?

In unserer Welt müssen wir erleben,
daß der Glaube allein
uns nicht friedfertig macht,
daß der Glaube allein uns nicht gut macht.

Tatglaube heißt:
Ich erkenne mein egoistisches Verhalten,
das, an was ich mich gebunden habe,
an die Ketten des Nicht-loslassen-Wollens.
Ich werde dieses mein Verhalten ändern.

Und wer es ändert und die Lehren
des Jesus, des Christus, schrittweise erfüllt,
der wandert einwärts und verändert sich
zum neuen Menschen, der gut ist.
Und das können wir mit in die Ewigkeit
nehmen.

Die Offenheit hat den Klarblick.
Der Mensch, der offen ist,
der ist auch treu.

Sehen wir unseren Nächsten?
Sehen wir ihn wirklich?
Oder sehen wir nur halb hin
und gehen an ihm vorbei?

Schließe mit deinem Nächsten Frieden.
Nimm deinen Nächsten in dir auf.
Das Positive von ihm
soll in dir Wohnung nehmen,
dann hat er auch in dir
Heimat gefunden.

Laß dein Ziel und deinen Nächsten
nie aus deinem Herzen;
dann wirst du alles, was du tust,
in deinem Herzen lebendig
werden lassen.

Wir müssen uns aber auch
einmal fragen:
Was ist eigentlich das Goldene Kalb?
Jeder sündhafte Gedanke ist
ein Stück Gold, mit dem wir
das Goldene Kalb bauen.

Jeder einzelne ist sein Goldenes Kalb,
wenn er sich um sich selbst dreht.

Warum sind so wenige
von innen her glücklich?
Weil die meisten nicht lernen,
das Leben, das Gott ist, anzunehmen.

Die meisten blicken auf die Schatten
des Sein- und Habenwollens,
die meisten blicken auf Neid,
blicken auf den Nächsten und meinen,
dem ginge es besser.
Wir sind immer damit beschäftigt,
die Schatten in uns aufzunehmen:
die Feindschaft mit dem Nächsten,
den Streit in der Familie.

*Ist in Gott irgendetwas unheilbar?
Jeder Einzelne von uns spricht sich
das Leid, die Krankheit zu.
Wir denken das Übel in unseren Körper
hinein und schaffen einen Kreislauf
der Vernichtung unseres eigenen Leibes.*

*Unsere Gedanken mit Kraft
und Leben zu erfüllen, das bedeutet,
daß wir schon am Morgen beginnen,
CHRISTUS in uns zu bejahen.*

Liebe ist das große, allumfassende
kosmische Gesetz.
Liebe strömt durch die Unendlichkeit.
Liebe strömt in unser Bewußtsein ein und
pocht an die Pforte unseres Bewußtseins.
„Höre", so spricht Christus in uns,
„Ich Bin die Liebe".

Liebe ist mächtig.
Liebe vergibt.
Liebe verzeiht.
Liebe macht frei.
Liebe macht glücklich.
Liebe eint den Menschen
mit allen Menschen und Wesen
und mit der Mutter Erde.

Liebe gibt Kraft.
Liebe macht gesund,
denn Liebe ist der Gesundbrunnen.

Unser wahres Wesen ist Liebe.
Liebe ist das Bild der Gesundheit.
Liebe ist die Kraft, die uns begleitet.
Liebe bleibt in der Seele.
Liebe geleitet uns.
Liebe ist bei uns und mit uns.
Liebe ist die Verkörperung
des wahren Seins.

Christus ruft:
Komm zu Mir, zu Christus in dir.
Komm und vertraue dich Mir,
dem Christus in dir, an.
Bete von Herzen, und erfülle deine Gebete.
Ich, der Christus Gottes in dir,
mache dich glücklich, frei, gesund.

Liebe von Herzen deine Mitmenschen.
Tue Gutes, und erlebe die Einheit
des kosmischen Seins.
Erlebe die Kraft der Natur.
Sei gut zu der Mutter Erde,
zu allem, was sie trägt,
und du lebst und wandelst auf den Spuren
und in den Spuren Inneren Lichtes.

Christus spricht zu uns.
Er ist der Gute Hirte.
Er weidet Seine Schafe, und Seine Schafe
kennen Seine Stimme.
Ihnen wird an nichts mangeln,
denn der Christus Gottes ist die Fülle.

Wo ist in dieser Welt die Sicherheit?
Ist die Sicherheit bei Menschen?
Ist die Sicherheit bei Hab und Gut?

Immer mehr Menschen erkennen:
Das Äußere, die Welt, bietet keine
Sicherheit mehr. Doch Einer ist da,
Der uns Sicherheit bietet.
Es ist der Christus Gottes,
Der uns näher ist als Arme und Beine.
Es ist der große, liebende, barmherzige
Geist, Der in jedem von uns wohnt.
Seine Liebe und Hilfe ist immer
gegenwärtig.

Er ruft uns, und wer zu Ihm
von Herzen kommt, der erlebt und spürt
Seine Gegenwart und Seine Hilfe.

Jesus, der Christus, sprach zu Recht:
Für oder gegen Mich.

Jeder muß sich selbst entscheiden –
für Christus oder gegen Ihn.

Wo kein Charakter ist,
ist auch kein Pflichtbewußtsein.

*Das Urchristentum ist das Tatchristentum,
denn Jesus sagte: Wer Meine Lehre hört
und sie tut, ist ein kluger Mann.*

*Urchristen sollten Tatchristen sein.
Sie sollten ihre Arbeit mit dem
großen Geist tun.
Sie sollten ihr Tagwerk mit dem
unendlichen Leben tun.
Sie sollten die Inhalte ihrer Gedanken,
ihrer Gefühle überprüfen.
Sie sollten mit Christus den Weg
zum Vater gehen.*

*Das Urchristentum hat keine Priester.
Gerade das Urchristentum sollte sich
auf keinen Menschen stützen,
einzig auf Jesus, den Christus,
den großen Geist der Unendlichkeit,
Der in jedem von uns wohnt.*

*Kein Mensch kann einen anderen
Menschen zu Gott, unserem Vater, führen,
ausschließlich Christus.
Geistige Lehrer und Propheten sind
Wegweiser hin zu Jesus, dem Christus,
aber beide können den Weg für den
Nächsten nicht gehen.
Jeder muß ihn selbst gehen.*

Kein Mensch sollte sich an einen
anderen Menschen binden.
Jeder soll sich an Christus anhalten,
an das große Leben,
das in uns ist.

Jeder von uns kann sich selbst
den Beweis geben, daß Gott existiert.

Jeder von uns kann selbst die
Gotteserfahrung machen und
daraus die Freude gewinnen:
Gott ist in jedem von uns.
Gott ist in allen Lebensformen.
Gott ist in allem gegenwärtig.

Wer ist Gott?

Gott ist Schöpfer.
Gott ist Kraft; Gott ist Licht;
Gott ist die unendliche All-Intelligenz.
Gott ist der Strom.
Gott ist das Leben.
Gott ist das Gesetz der Liebe.

Wir Menschen atmen, weil Gott
in uns das Leben ist.
Gott ist im Urgrund unserer Seele.
Es ist die Kraft und das Gesetz
der Unendlichkeit.

Wir brauchen Gotteserfahrung,
um friedvoll zu werden.
Wir brauchen die Gottesnähe,
um glücklich zu sein.
Wir brauchen die Freude der Himmel,
um Freude geben zu können.

Wir müssen lernen, was Einheit bedeutet,
dann erleben wir die Sprache der Tiere,
der Pflanzen, ja wir hören das Orchester
der Mutter Erde.
Dann werden wir kein Tier mehr quälen.
Die Kriege werden aufhören – Mensch
gegen Mensch.
Freunde werden wir werden,
Geschwister, Brüder und Schwestern
im Geiste des großen Bruders,
CHRISTUS.

Das Leben nützen heißt:
Andere nicht für mich zu benützen,
sondern die Gesetze Gottes zu benützen,
um das Leben, das mir von Gott
geschenkt ist, zu nützen.

Und die Gesetzmäßigkeiten
der Zehn Gebote Gottes und
der Bergpredigt des Jesus, des Christus,
helfen abzuwägen.

Denn es soll ja im Herbst des irdischen
Lebens kein verbitterter Mensch heraus-
kommen, der alles lassen mußte, nur
Entbehrung, nichts als Entbehrung
in Sack und Asche, sondern es soll ein
erfüllter, dynamischer, jugendlicher
Mensch herauskommen.
Das ist der Wille Gottes, unseres Vaters.

„Selbstlos tun" heißt:
Ich bereinige mein niederes Ich, das
immer nur etwas will – das Dankbarkeit
verlangt, Zustimmung verlangt, das,
allgemein gesagt, Applaus verlangt.

Der Innere Weg heißt:
Ich entwickle mich und lasse die höheren
Kräfte durch mich wirken.
Wir entwickeln uns auf dem Inneren Weg,
indem wir eben diesen „Applaus"
an unser Ich abbauen.

Der ganze Innere Weg zielt ab auf folgendes:
Bewußtwerdung dessen,
was wir in Gott sind.
Sind wir uns dessen einmal bewußt,
was wir in Gott sind,
dann tun wir auch Schritt für Schritt,
was Gott will.

Die Welt bietet uns keinen Halt mehr.
Sie gibt uns keine Geborgenheit mehr.
Kein Mensch kann uns Geborgenheit
geben, nicht einmal Sicherheit.

Die Geborgenheit und die Sicherheit
liegen einzig in Dem,
Der über allem steht,
was in unserer Welt geschieht.
Und Ihm zuzuwandern,
sich Ihm hinzugeben, ist letztlich
der Sinn unseres Erdendaseins,
ist unser Weg im Zeitlichen.

In unserer Welt heißt es:
„Gefühle sind Schwäche."
Doch letztlich müßten wir alle einmal das Fühlen lernen. Wir müßten uns sensibilisieren für unsere Umgebung, denn in allem ist der Geist, der uns dienen und helfen möchte.

Über das Fühlen komme ich zum Gefühl. Über das Gefühl, das das Zentrum meines Körpers ist, kann ich mich in Situationen, in die Lebensformen – auch im Alltag, im Beruf, in das, was ich augenblicklich ausführe oder durchführe – hineinfühlen. Das Hineinfühlen bedeutet, Kommunikation zu erlangen mit dem Geist, mit den Aspekten des göttlichen Bewußtseins in allem.

Das Fühlen und das Empfinden für das Ewige, für unser Leben, muß wieder gelernt werden. Das ist gemeint, wenn wir hören: Vom Kopf zum Herzen.

Tiere, Pflanzen, alle Lebensformen sind letztlich unsere kleinen Geschwister. Haben wir dieses Fühlen, daß alles, was lebt, unsere kleinen Geschwister sind? Eventuell sagen wir zum Baum „Bruder Baum" – aber haben wir eine Beziehung zum Bruder Baum?

Bejahen wir, daß Tiere gejagt und gehetzt werden? Oder stehen wir für unsere kleinen Geschwister ein? Ein großer Bruder, eine große Schwester stehen für ihre kleinen Geschwister ein. In allem ist das Bewußtsein des Lebens. Stehen wir dafür ein?

*Freiheit bedeutet:
Frei sein von Sünden;
durchzuatmen, den Odem des Lebens
in die Welt, zu den Geschöpfen
des Seins zu tragen; zu atmen und mit
dem Atem und den Sinnen zu spüren,
was Mensch, Tier, Pflanze und Stein
benötigen.*

*Leben heißt Atem.
Leben heißt Kommunikation mit Gott.
Leben heißt Kommunikation
mit der Unendlichkeit,
mit allen Sonnen und Planeten,
mit der gesamten Mutter Erde.*

Leben heißt Einheit.
Wer nicht in der Einheit mit der
Unendlichkeit ist, ist unfrei.
Und jegliche Unfreiheit ist Sünde.
Die Sünde belastet die Seele, und dadurch
stirbt so mancher Mensch sehr, sehr schwer.
Wir haben Angst vor dem sogenannten
Tod – warum denn?
Weil wir Angst vor unseren Sünden haben,
Angst vor unserer Unfreiheit,
die aus Zwängen besteht.
Wir zwingen unseren Nächsten, das zu tun,
was wir wollen.
Wir töten Tiere, wir töten Menschen,
wir morden sie hin.
Haben wir das Recht, Mensch und Tier
das Leben zu nehmen – das wir nie
geschaffen haben, sondern das von Gott ist,
das der Atem ist durch Seele und Mensch?

Wir müssen uns fragen:
Nützt es, Positives, Christliches zu lesen
oder zu hören?
Wir müssen feststellen: Es bringt nichts.
Der Einzelne – jeder Einzelne –
ist gefragt.
Jeder muß sich mit der Hilfe
des Christus Gottes veredeln und somit
seine Seele reinigen.
Kein anderer kann es für uns tun.

Und wenn wir noch so viele schöngeistige
Worte hören – uns bringt das nichts!
Vielleicht regt uns so manches gute Wort
an – dann hat unser Gewissen
geschlagen. Es will uns sagen:
„Das wäre auch etwas für dich!
Tust du das, was du jetzt gehört hast?"

Der Mensch ist entweder ein Spiegel
seines niederen Selbst oder ein Spiegel
seines göttlichen Erbes.
Das göttliche Erbe ist das All-Gesetz
der Liebe.
Die Worte des Menschen und seine
Verhaltensweisen spiegeln das wider,
was er ist, wie er seine Aura bestellt hat,
was er eben ausstrahlt.

Ob wir es glauben oder nicht,
ob wir es annehmen wollen oder nicht:
Jeden Augenblick gibt sich jeder Mensch
selbst zu erkennen.
Wer sich selbst nicht kennt,
der glaubt auch nicht,
daß er von anderen erkannt wird.

Man sieht, hört, fühlt und erfaßt
nur mit dem Herzen gut.

Wir sind auf der Erde, um zu lernen.
Und wer lernt, der weiß,
daß er Fehler macht. Die Fehler
sind gar nicht so gravierend –
dann, wenn wir sie hinterfragen und
mit Seiner Hilfe bereuen, bereinigen
und nicht mehr tun.

In Gott geborgen sein oder
die Geborgenheit erlangen heißt,
sich in das Göttliche hineinzugebären,
in Gott geboren zu sein.

Wahrheit ist Geborgenheit,
und wenn ich durch die Sünde
die Wahrheit verschleiere, dann
suche ich Geborgenheit bei Menschen,
weil mir Gott fern ist.

Der Mensch spricht und handelt
aus der Sünde, bis er diese erkennt,
bereinigt und nicht mehr tut.
Dann geht er ein in die Wahrheit
und wird neu geboren.
Und die Neugeburt in dem Geist Gottes
ist gleich die Geborgenheit: das Kind,
das in den Armen des Vaters ruht.

Die vielen scheinbar unbedeutenden Gefühle, Gedanken und Worte summieren sich und durchdringen unsere Denkweise.

Die Summe aller negativen, zweiflerischen, grüblerischen, abwertenden Gedanken wird letztlich zu unserer Sprache. Auch aus unwichtigen und unwesentlichen Floskeln wurden mit der Zeit Negativprogramme.
Diese Programme steuern und beeinflussen uns. So ist dann auch unsere Ausdrucksweise, und daraus ergibt sich der Mißerfolg.
Wollen wir also Erfolg haben,
dann müssen wir uns die Sprache
des Geistes angewöhnen und
auf das Gesetz bauen und setzen.
Was ich plane, was ich tue, gebe ich
in Gottes Hand, und Sein Wille geschieht.

Nichts fürchtet die Gegenseite,
also der Widersacher, mehr,
als Einheit und Gemeinsamkeit.
Denn er spricht:
Trenne, binde und herrsche;
und der Geist sagt:
Verbinde, und sei.

Reibe dich nicht an dem,
was dir bei deinem Nächsten mißfällt,
sonst bekommst du davon weit mehr ab,
als du selbst schon hast.

Fülle jeden Tag dein Bewußtsein
mit Gottes Gegenwart.

Wer von Gott erfüllt ist,
hat keinen Platz für Sorgen und
auch keinen Platz für Zweifel und
grüblerische Gedanken.

Fülle jeden Tag dein Bewußtsein
mit Gottes Gegenwart,
dann bist du erfüllt.

*Solange wir nicht wissen,
was wir wollen, wissen andere,
was sie mit uns anfangen wollen.
Dann bleiben wir der Knecht unserer
Gedanken. Und solange wir der Knecht
unserer Gedanken sind, streifen wir umher,
um andere auch zu Knechten zu machen.
Doch sind wir Herr unserer Gedanken,
dann sind wir Vorbild.*

*Im Dank liegt Kraft.
Im Dank liegt Hilfe.*

*Auch wenn es uns noch so schwerfällt –
ein herzliches Danke verleiht uns
Kraft, Hilfe und läßt uns
Gottes Nähe spüren.*

Denken wir einmal an unser Sprachgesetz.
Wenn Gott sagen würde:
„Ich freue mich, daß sich Meine
Kinder mit Mir freuen", hieße das:
Wenn sie sich nicht mit Mir freuen,
habe Ich auch keine große Freude. –
Was wäre dann mit uns?

Ist Gott von Seinen Kindern abhängig?

Und solange wir von Menschen abhängig
sind, ob sie sich mit uns freuen,
ist die Freude nur Oberfläche,
und wir erwarten den Zuspruch unseres
Nächsten und letzten Endes auch
die Energie unseres Nächsten.

Vergelten mit der Kraft der
Barmherzigkeit – das ist Größe.

*Wenn wir weniger über das Negative
sprechen, sondern das Negative
schnellstens bereinigen und uns mehr
über das Positive unterhalten,
dann kommt Freude in unser Leben,
dann kommt Aufgeschlossenheit
in unser Leben,
dann kommt Freiheit in unser Leben –
und wir werden Senkrechtstarter
und kommen auf diesen Weg,
den wir uns alle wünschen:
glücklich, frei, froh, leicht, beschwingt!*

*Ein Satz vom Herrn:
Wenn ihr nicht leben lernt,
lernt ihr auch nicht geben.
Und wer nicht selbstlos gibt, der nimmt.
Er ist arm und verarmt auch weiter.
Das ist der Fall dieser Welt.*

Denken wir an unsere irdische Sonne. Von ihr können wir auch das Unpersönlichkeitsgesetz abschauen: Sie strahlt – ob wir es wollen oder nicht. Sie schenkt sich – ob wir den Schatten aufsuchen oder die Sonne. Sie strahlt – ob wir uns im Keller verbergen oder ins Freie gehen. Es kommt ganz darauf an, wie wir uns verhalten – ob wir uns der Sonne zuwenden, um von ihr zu empfangen.
Ähnlich strahlt das unpersönliche Leben, GOTT: Es strahlt. Ob wir uns im Menschlichen verstricken oder ob wir das Göttliche anstreben und im Göttlichen leben – es strahlt. Es hüllt uns alle ein. Es i s t . Und daran gibt es nichts zu rütteln und nichts zu deuten.
Gott ist unpersönliches Leben. Er schenkt sich – ob wir Seine Gaben annehmen oder ablehnen. Ob wir unser eigenes kleines Gesetz, unser Ichheitsgesetz, schaffen oder nicht – Gott strahlt.

*Wie können wir Vertrauen gewinnen,
wenn wir uns selbst nicht trauen können,
wenn wir selbst nicht wissen,
was wir denken?
Und wenn wir selbst nicht wissen,
was wir denken, dann wissen wir nicht,
wer wir sind.
Und wenn wir nicht wissen,
wer wir sind – wie können wir uns
dann Gott zuwenden, und wie können
wir dann Vertrauen erlangen?*

*Vertrauen heißt: Ich baue auf Gott.
Und wenn ich auf Gott baue, dann muß
ich auch mein Menschliches abbauen,
damit ich auf Ihn bauen kann.
Nur auf diese Weise wächst das
Vertrauen.*

Die göttlichen Aspekte in uns wollen
sich nicht mitteilen; sie drängen nicht.
Sie zeigen sich ganz still und ruhig.
Sie zeigen nur auf, was wir schon
verwirklicht haben.
Sie bringen uns eine sanfte, stille Freude.
Sie bringen uns eine sanfte Liebe Gott,
unserem Vater, gegenüber,
Christus, unserem Erlöser, gegenüber
und ganz allmählich unseren Brüdern
und Schwestern gegenüber.

Diese göttlichen Aspekte der selbstlosen
Liebe schaffen eine Verbindung zu den
Naturreichen. Sie sprechen nicht –
sie lassen es erspüren, und wir spüren
Dankbarkeit, tiefe Freude.

Was wäre diese Erde ohne die Tiere?
Was wäre die Erde ohne die Pflanzen?
Ja, könnten wir überhaupt leben?
Wir könnten nicht leben.

Wir brauchen die Kommunikation
zu den Lebensformen, weil sie alle
ein Teil von uns sind.
Brechen wir die Kommunikation ab,
indem wir unsere Nächsten quälen, töten,
unsere Übernächsten quälen, töten,
die Pflanzen- und die Mineralreiche
schänden, dann brechen wir die
Kommunikation ab – und über uns
brechen die Ursachen herein.

Wir haben mit der Natur nur deshalb die Verbindung, weil wir in uns die Essenz der Natur haben. Wir haben zu Steinen, zu Mineralien, zu den Gestirnen nur deshalb eine Verbindung, weil wir die Essenz in uns tragen. Auch die schönen, lichten Farben sind als Glanz und Licht in uns.

Wir sind im Inneren reich, unendlich reich! Lassen wir unsere armseligen, menschlichen Gedanken fallen! Sehen wir uns als Kind Gottes, und wir spüren den inneren Reichtum: GOTT, *die Kraft, das Leben in uns.*

*GOTT begegnet uns in jeder Situation.
Gott begegnet uns in jedem Menschen.
Gott begegnet uns auf Schritt und Tritt.
Unsere Augen rufen vieles ab.
Schauen wir tiefer –
und wir begegnen Gott.*

*Wenn wir bewußter leben,
haben wir gar keine Zeit mehr,
so viel über unsere menschlichen Dinge
nachzudenken.
Die Schmerzen, über die wir oft klagen,
nehmen dann ab, wenn wir nicht mehr
so oft hindenken, wenn wir das Leben
in uns wahrnehmen und bewußter leben.*

*Ein freundliches, echtes, selbstloses
Lächeln unseres Nächsten ist das Lächeln
unseres Vaters.*

*Ein tiefes, selbstloses, verbindendes Wort
ist das Wort unseres Vaters.*

*Wenn der Wind uns umspielt,
unser Haar bewegt und wir Dankeschön
sagen können – dann ist es die
Bewegung Gottes.*

*Wenn wir zu einer Blume blicken
und wir von Herzen, von innen her,
mit ihr verbunden sind, dann spüren wir
die Antwort des Vaters.*

Auf der ganzen Welt gibt es nichts,
was den Charakter eines Menschen
so wertvoll veredelt, sein Wesen
harmonisiert, seinem Gemüt
friedlichen Gleichklang verleiht
als die ewige, kosmische Liebe,
die von Gott kommt.

Menschen, die sich der Liebe Gottes
hingeben, spenden ihren Mitmenschen
die selbstlose Freude,
weil sie auch selbstlos geben,
ohne Dank und Anerkennung
zu erwarten.

*Wo liegt denn die Gotteserfahrung?
Wir glauben, es müßte etwas ganz Pompöses, Monumentales sein. O nein!
Sie liegt im Gesang eines Vogels.
Sie liegt in dem Lüftchen, das uns umweht.
Sie liegt in dem Grashalm, den wir bewußt wahrnehmen, in dem Duft einer Rose.
Und wenn uns dies vom Herzen her bewußt wird, dann beginnen wir, von unserer kleinen, egoistischen Welt wegzudenken. Wir werden unsere Mitmenschen nicht mehr abwerten, uns selbst aufwerten ... Wir wollen uns nicht mehr darstellen, wir wollen auch nicht mehr als etwas ganz Besonderes gesehen werden.
Wir fühlen die kosmische Einheit und merken, daß im großen kosmischen Geschehen alles Liebe ist, daß im großen kosmischen Geschehen alles dient, einer dem anderen.
Im großen kosmischen Geschehen hält alles, was rein ist, das Liebegebot.
Das im Herzen zu erleben, das macht uns frei.*

Die Gebote Gottes und die
Bergpredigt Jesu sind der Lebensquell.
Sie lassen uns atmen,
sie lassen uns leben –
sie lassen uns Gotteserfahrung machen.

Sei von dem, was du für Gott
und für deinen Nächsten tust –
und sei es die geringste Arbeit –
begeistert, dann erlangst du
weitere Fähigkeiten,
die noch in dir schlummern,
denn du bist größer, als du denkst.

Mache jede Minute deines Tages
fruchtbar und segensreich.

Klein im Geiste ist der,
der an Seines denkt.
Groß im Geiste ist der,
der an das Wohl aller denkt.

Erwecke das Helden- und Duldertum
in deiner Seele, dann wirst du nie
einem Menschen wehtun
oder ihn verraten.

Gottgewolltes Denken und Tun
macht andere glücklicher und
hoffnungsstärker und kehrt auch
gleichzeitig verstärkt in dein
Herz zurück.

*Tue keinem Menschen Leid an,
weder Mensch noch Tier,
noch Pflanze und Stein.*

*Sei bestrebt, das Wohlergehen aller
Menschen, Wesen und Wesensformen
zu mehren.
Damit mehrst du dein inneres Glück
und die Kommunikation zum All-Sein.*

*Auf Dauer dient uns nur,
was allen dient.*

*Wer täglich sein Bestes gibt,
ausgerichtet auf die Fülle – Gott –,
der erkennt und erlebt sehr bald,
daß er aus einer Fülle gibt,
die keine Grenzen kennt.*

*Blicken wir nicht ganz auf Christus,
dann schauen wir in der
entscheidenden Situation
an Ihm vorbei,
und Er kann uns nicht führen.*

*Ein geistiger Mensch
ist kein Duckmäuser.*

*Warum müssen wir eigentlich
nach Lösungen suchen?
Glauben wir, daß die Geistwesen
auch nach Lösungen suchen?*

*Warum suchen wir nach Lösungen?
Weil wir ein altes Schema haben.
Und in diesem alten Schema arbeiten wir,
in diesem alten Schema denken wir …*

*Durch die Verwirklichung
werden wir flexibler, und durch diese
Flexibilität erleben wir auch die Sprache
des Augenblicks, die Sprache des Tages,
die Sprache der Situation usw.
Dann erfahren wir auch sehr rasch
die Lösung und können entsprechend
handeln.*

Gott indoktriniert dich nicht.
Er möchte keinen blinden Glauben
an Ihn oder an irgendwelche
Glaubenssätze.

In einfachen Worten gesagt:
Gott, unser ewiger Vater, freut sich,
wenn Sein Kind aus freien Stücken
Ihm näherkommt, weil es auch die
Erfahrung gemacht hat, daß es sich
mit Gott leichter leben läßt.

Gott ist nicht nur für ältere Menschen.
Gott ist für die Jugend,
Gott ist für die sogenannten Erwachsenen,
Gott ist für ältere Menschen.
Gott ist immer gegenwärtig und
schenkt sich immer ganz.
Erfahre und erlebe Ihn,
indem du Jesus nachfolgst, und
du hast den besten Freund bewußt
an deiner Seite.

*Richte deine Antenne auf Gott aus,
um von Gott aus dem Göttlichen
zu empfangen. Das heißt also:
Reinige deinen Tempel.
Dann richten sich deine Gehirnzellen,
deine Sinne, deine Empfindungen und
Gedanken auf Gott aus. Dann wirst du
ganz allmählich in dir wohnen, und du
wirst in dir dein Zuhause haben.*

*Alles ist bildhaft.
Wir denken nur zu rasch.
Dadurch werden wir der
Gedankenbilder nicht gewahr.
Wenn wir jedoch bewußter denken,
wenn wir uns selbst kontrollieren,
dann werden uns ganz allmählich
unsere Gedankenbilder bewußt,
und wir erkennen, daß das ganze All
aus Bildern besteht.*

*Würden die Menschen einander
so begegnen, wie sie sollten,
dann wäre jeder mitverantwortlich
für das Gute in dieser Welt
und eine Wohltat für Mensch,
Tier und Natur.*

*Eine Form des Diebstahls besteht
auch darin, dem Nächsten die Energie
zu nehmen, indem wir uns – und sei es
in Gedanken – so lange mit ihm
beschäftigen, bis er auf uns aufmerksam
wird und für uns das tut, was wir selbst
nicht tun wollen.*

Auf die Dauer
wird das Böse nicht siegen,
weil der Kern des Guten bleibt,
auch im Bösen.

Wer sich bewußt wird,
daß er das Bild Gottes ist,
der beginnt auch Tiere, Pflanzen
und Mineralien zu lieben;
dann atmet die Erde auf.

Ist das Göttliche im Menschen
zum Durchbruch gelangt,
dann macht er sich frei von der
Triebfeder der Ichsucht,
welche die Masse der Menschen
in Bann hält.

Wo die selbstlose Liebe strömt,
da bedarf es keiner Führer.
So ist es im Reich Gottes,
und so soll es auf Erden werden.

Um selbst Liebe geben zu können,
muß der Mensch selbstlose Liebe
empfangen können.
Das heißt also:
Solange wir unser Gefäß mit unserem
menschlichen Ich nicht entleert
haben, können wir Gottes Liebe
nicht aufnehmen und können auch
Gottes Liebe nicht weitergeben.

Wer sich vor Gott und Seinem
ewigen Absoluten Gesetz ängstigt,
der schafft ein Feindbild
Gott gegenüber.
Er sieht Gott als seinen Feind,
der nicht tut, was er will.

Sanftmut ist auch Demut,
sich zurücknehmen und schweigen,
wenn mein Nächster glaubt,
er weiß es besser.
Ich kann dann eine Aufklärung geben,
doch wenn er immer noch glaubt,
er weiß es besser, dann schweige ich.
Das ist auch die rechte Demut,
denn Gott weiß um alle Dinge.

Gott liebt uns. Und deshalb gab Er
Seinen Kindern den freien Willen.
Deshalb greift Er nicht
in das Weltgeschehen ein –
weil Er uns den freien Willen gegeben hat,
weil Er uns liebt,
weil Er der Friede ist.

Würde Gott mit Gewalt in unser
Weltgeschehen eingreifen –
wen soll Er fassen?
Wen soll Er zerstören?
Wer ist besser als der andere?
So würde Er ja Sein Gesetz brechen,
denn Gott ist Friede und nicht der Kampf.
So können wir niemals erwarten,
daß Gott mit Gewalt in dieses Weltgesche-
hen eingreift.

Wir können noch so viel geistiges Wissen haben, wir können ganze Bücher gelesen haben über die Wahrheit – doch haben wir keinen einzigen Schritt getan, dann werden wir auch im Jenseits keinen einzigen Schritt hin zu Gott tun.
Wissen bringt uns nichts.
Wissen zeigt nur einmal kurz die Landkarte auf, es zeigt die Wege auf – doch wir müssen gehen.

Geistige Erkenntnisse, die umgesetzt, verwirklicht werden, bringen unserer Seele vermehrtes Licht und auch Frieden und Freude in unserem Leben.

Wir müssen uns fragen:
Wenn wir heute den Körper ablegen – wo ist unsere Seele?

Was haben wir verursacht?
Was haben wir verschuldet?
Muß jeder von uns die Ursachen,
die Schuld, tragen, also abtragen?

Christus ist die Barmherzigkeit,
und ein christliches Leben bringt
uns Hilfe und Kraft,
um unsere Ursachen rechtzeitig
zu bereinigen, bevor sie zuschlagen,
bevor die Wirkungen über uns kommen.

Wir sind nicht allein.
Je dunkler es auf der Erde wird,
um so mehr kommt das Licht Gottes.
Machen wir uns auf für das Licht –
und wir empfangen es auch in der
dunkelsten und trübsten Zeit.

Haben wir nicht die beste
Technik in uns?
Wenn wir umdenken und eine
positive Kommunikation aufbauen
zu den positiven Kräften des Alls,
wenn wir die Tagesenergie nützen
und im Tag unsere Fehler und
Schwächen erkennen, sie bereuen,
bereinigen und nicht mehr tun –
dann stellen wir uns um,
und wir haben dann eine positive
„Sendestation" in uns und werden auch
positiv empfangen.

Dadurch erweitert sich unser Bewußtsein.
Wir werden klarer und heller,
und wir erlangen göttliche Eingaben,
die uns dann weiterführen
und uns zeigen, was wir tun könnten,
um eine neue Erde zu schaffen.

Wer von sich selbst Abstand gewinnt,
der lernt sich rascher und tiefer kennen.
Wer jedoch keinen Abstand
von seinem niederen Ich hat,
der kennt sich nicht und auch nicht
seine reine Heimat, das All,
dessen Urstoff er ist, das Wesen,
das noch i m Menschen ist.

Erst, wenn wir unser wahres Selbst
erahnen, dann gewinnen wir Achtung
vor Gott, weil wir dann unserem
menschlichen Ich keine Beachtung
mehr schenken.

Wenn wir mit Christus unser niederes Ich
umwandeln, dann werden wir gleichsam
verwandelt.
Jede Umwandlung, die einer Verwandlung
gleicht, zeichnet uns, prägt also unseren
Körper, unsere Gestik und Mimik.

Begegnest du einem Menschen –
ob er dir bekannt oder fremd ist –,
werte ihn nicht ab, denn so,
wie dieser augenblicklich ist,
ist sein derzeitiges Bewußtsein beschaffen;
es ist seine Individualität.

Laß deinen Mitmenschen die Freiheit.
Zwinge sie nicht, das zu tun,
was du möchtest oder
du selbst tun könntest.

Hilf deinem Nächsten, wenn du erkennst,
daß er der Hilfe bedarf und er dich
um Hilfe bittet.
Doch mache diesbezüglich kein Aufsehen.
Tue es in aller Bescheidenheit,
und verlange von ihm nicht einmal
einen Dank.

Wenn wir uns in Gott nicht
geborgen fühlen – wo suchen wir?
Wenn uns die Wahrheit nicht bewußt ist,
dann leben wir auch nicht aus der
Wahrheit. Wir leben aus der Sünde,
und die Sünde zeichnet uns.
Dann binden wir uns an Menschen
und bleiben letzten Endes Gebundene –
und Sklaven derer, an die wir uns
gebunden haben, denn die bestimmen
dann über uns.

In der Verantwortungstreue liegen
die Gewissenhaftigkeit,
die Konzentration und
die Konsequenz,
die Zielstrebigkeit und
die Geschwisterlichkeit.

*Ob wir es hören wollen oder nicht –
jeder Mensch ist in einer Erdenschule,
um sich mit dem Leben auseinander-
zusetzen.*

*Frei ist einzig der Mensch,
der nach dem Allgesetz
der Liebe, Freiheit und Einheit
lebt.*

*Wer sein Leben in die Hand nimmt,
wer sich also ein geistiges Ziel vorgibt,
der wird sensitiv. Er wird sich
immer mehr hinterfragen, z.B.:
Ist das, was ich denke, rede oder tue,
das Leben, oder ist es unheilig?
Ist es also gegen das Gesetz Gottes?*

*Uns ein geistiges Ziel zu setzen,
heißt letztlich, an Gott, unseren Vater,
zu glauben.*

Viele Menschen streben nach Vollkommenheit. Sie halten Ausschau nach Menschen, die eventuell vollkommener sind als sie. Haben sie einen Menschen gefunden, der ihnen überlegen erscheint und dem sie nacheifern, so werden sie früher oder später enttäuscht werden, denn die menschliche Überlegenheit ist nun mal menschliche Eitelkeit.

Wer nicht gelernt hat, aus sich selbst zu leben, der ist wie ein Ballon, dem nach und nach die Luft ausgeht, wenn er keine Anerkennung, kein Lob erhält oder wenn er das Pensionsalter erreicht hat, mit dem er dann auch nichts anzufangen weiß.

Jesus wollte die Innere Religion,
die Hingabe an die große, allmächtige,
ewige Liebe, an das Gesetz der Freiheit,
der Schönheit, der Gerechtigkeit,
an das kosmische, ewig waltende Gesetz,
das Gott ist und das im Seelengrund
jeder Seele und jedes Menschen ist.

Innere Religion heißt Gewißheit erlangen,
daß eine unübertreffliche Macht –
eine unübertreffliche Liebe,
eine ewige Gegenwart,
tiefer Friede und Stille –
schweigend und auf uns wartend
in jedem von uns ist.

*Was ist eine Meinung?
„Meinung" besagt immer,
daß wir es nicht wissen.*

*Gegen das achte Gebot verstoßen wir,
wenn wir Unwahres über unseren
Nächsten reden.
Doch falsches Zeugnis reden heißt auch,
unserem Nächsten zum Munde zu reden,
ihm zu schmeicheln, ihn zu loben,
ihn zu bestätigen, und das
mit vielen Worten, mit viel Schmuck
in den Worten dargereicht,
um eventuell etwas für uns persönlich
zu erreichen. Unsere Gedanken,
unser Wollen sind dann ganz anders
als unsere Worte.
Das ist falsches Zeugnis – Falschheit.*

Jeder von uns ist eine Antenne.
Was ihn beschäftigt, damit
richtet er die Antenne aus;
dorthin sendet er, und von dort
empfängt er auch.

Jedes Wort ist Energie.
Ist es nicht beseelt, dann haben wir
die Energie vergeudet,
und was wir gedacht haben,
das ist der Bumerang,
der auf uns zurückkommt.

Viele Menschen verhalten sich wie Sklaven – Sklaven ihres eigenen menschlichen Ichs und folglich dem Einfluß des Ichs anderer unterworfen. Sie binden sich an ihre eigenen Schwächen.

Es sollte uns klar werden:
Jeder Gedanke, der ein Wollen,
eine Erwartung oder gar einen Anspruch,
eine Forderung an den Nächsten
beinhaltet, bedeutet eine Störung
der Einheit.

Jede Störung der Einheit bringt
zuerst einmal in unseren Gedanken
Zerstreuung, in unseren Gefühlen Leid,
im weiteren Verlauf im Körper
Unpäßlichkeit und Krankheit.

Warum ist es so wichtig für uns, von Bindungen und unerfüllten Wünschen loszulassen? Weil sie uns unglücklich machen.

Wir sollten lernen, uns an den Nächsten nicht mehr zu binden, ihm seine Eigenständigkeit zu lassen und selbst eigenständig zu sein, den Nächsten also loszulassen, so daß er sich entfalten kann und auch wir uns entfalten können. Daraus entwickelt sich die Freiheit.

Frei ist der, dem der Tag gehört.

Wer nicht frei wird, der zerschlägt immer wieder alles Gute.

*Die Welt von heute birgt in sich
Angst und Unglück.
Wie wir es auch sehen, wie wir es
auch drehen – der Mensch ist nicht
eher glücklich, stark und dem
Gegensätzlichen überlegen,
bis er gelernt hat, bei sich,
tief in seiner Seele, daheim zu sein.
Dann erst ruht er in sich,
in seinem wahren Selbst.
Er hat heimgefunden in das Reich Gottes,
das inwendig in ihm ist.*

Wollen wir unser Leben
glücklich gestalten, wollen wir
Gesundheit, Harmonie, Frieden,
Liebe und Freude ernten,
dann müssen wir auch zuvor
Entsprechendes säen
in unserem Empfinden, Denken
und Handeln.

Menschen, die kosmisch denken,
helfen und selbstlos geben,
werden selbst glücklich und frei.
Der Lebensgewinn liegt also
im eigenen Herzen.

Die äußere Liebe begehrt –
die innere Liebe gibt.

Das Leben, das von innen kommt,
ist immer Gegenwart.
Es ist die ewig kosmische Liebe,
die Blüte des Lebens.

Liebe, die von innen kommt,
verschönert und veredelt unser
ganzes Wesen.
Wer von der Liebe durchsonnt ist,
strahlt Frieden und innere Freude aus.
Was brauchen wir mehr in dieser Welt
als die Liebe, die Christus in uns ist?

Und noch etwas Besonderes für Sie:

Auf der beigelegten CD finden Sie eine Verinnerlichung, gegeben von Gabriele zu dem großen Gebet der Einheit, dem Vaterunser.
Diese Verinnerlichung ist auch als Video erhältlich, begleitet von harmonischen Naturaufnahmen.

Lassen Sie sich von den Worten Gabrieles hineintragen in die Erfahrung des wahren Lebens: Freiheit, Gemeinsamkeit, Güte, Stille und Friede. Eine Ahnung des inneren Seins, der ewigen Heimat, klingt im Herzen an und möchte uns der Gewißheit näherführen, daß wir, Kinder des ewigen Vaters, als Menschen auf der Erde sind, um in die Erfüllung zu finden, die Leben in IHM bedeutet.

Wertvolles für Sie:

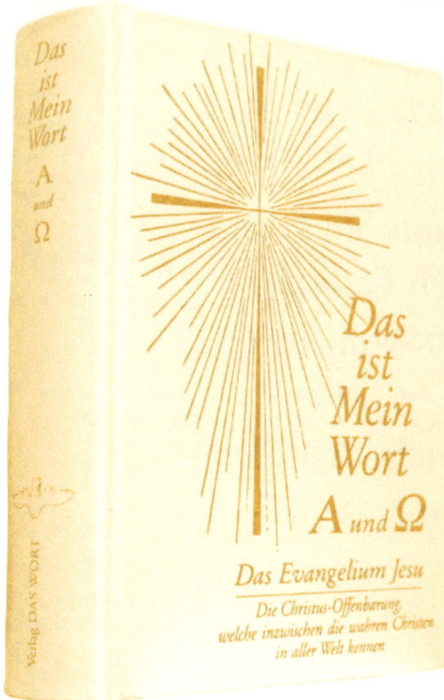

Das ist Mein Wort A und Ω

Das Evangelium Jesu

Die Christus-Offenbarung, welche inzwischen die wahren Christen in aller Welt kennen

Ein Buch, das Sie um Jesus, den Christus, wissen läßt. Die Wahrheit über Sein Wirken und Leben als Jesus von Nazareth.

Der Christus Gottes offenbart sich durch Gabriele, Sein Instrument, zu vielen Themen, wie z.B.: Die Verfälschung der Lehre des Jesus von Nazareth in den vergangenen Jahren • Pharisäer gestern und heute • Jesus liebte die Tiere und setzte sich immer für sie ein. Christus klagt das Quälen und Töten der Tiere an • Sinn und Zweck des Erdenlebens • Gott zürnt und straft nicht. Das Gesetz von Ursache und Wirkung • Die „ewige Verdammnis" ist eine Verhöhnung Gottes • Das Leben nach dem Hinscheiden des Körpers • Gleichstellung von Mann und Frau • Die kommende Zeit ...

1104 Seiten, geb., Best.-Nr. S 007. Euro 13,00. SFr 22,70
ISBN 3-89201-153-2
Auch in en, es, fr, it, cs, kr, nl, pl, ru, se, sl, mk

Bildmeditation zum Vater unser

Gönnen Sie sich eine Wohltat für Ihre Seele: Lassen Sie sich mit dieser Bildmeditation von Gabriele anheben und in das Gebet der Einheit, das Vaterunser, hineinnehmen. Mit wunderschönen Naturaufnahmen.

Video: Best.-Nr. V 008
Euro 9,90. SFr 18,30

Aufschlagen und sich finden

Die Fundgrube meines Daseins

Ein Buch mit Lebensweisheiten von Gabriele für Ihren Alltag - schlicht zum Aufschlagen gedacht, damit Sie sich auf der Seite finden, die sich Ihnen heute zuneigt. Es gibt keine Zufälle!

154 S., geb., Format 10,8 x 15,2 cm. Best.-Nr. S 334.
Euro 10,00. SFr 17,60. ISBN 3-89201-124-9

Gott möchte für Dich das Beste

Dein Begleiter durch das Jahr

Mit Leitsätzen für die 365 Tage des Jahres. Schöpfen Sie Tag für Tag guten Rat, Halt, Sicherheit, Zuversicht und Mut, um aus allen Begebenheiten das Beste zu machen, denn „in allem ist Gottes Hilfe".

416 S., geb., Format 11 x 15 cm, Best.-Nr. S 331
Euro 12,00. SFr 21,10. ISBN 3-89201-111-7

Innere Andacht

Die großen kosmischen Lehren des JESUS von Nazareth mit Erläuterungen

- von Gabriele auf Cassette aufgesprochen -

Gabriele bringt uns mit ihren Erläuterungen nahe, was Leben ist. Lernen Sie Ihren Nächsten verstehen, und erfahren Sie - z.T. mit Übungen, die zur wahren Stille, zur tiefen Erkenntnis führen -, wie Sie Ihr Leben bewußter und glücklicher mit Gott gestalten können, indem Sie jeden Tag mit Seiner Kraft nützen.

1. Es gibt nur eine Wahrheit: Gott.
   Best.-Nr. C 718
2. Gott ist - und wir sind göttlich.
   Best.-Nr. C 721
3. Christus kommt! Ein neues Menschentum entsteht
   Best.-Nr. C 722
4. Bewußt leben, alles will uns etwas sagen.
   Best.-Nr. C 723
5. Leben in Gott ist Freiheit
   Best.-Nr. C 725
6. Der kosmische Mensch
   Best.-Nr. C 728
7. Der innere Reichtum *und* Das Allgebet
   Best.-Nr. C 731
8. Nimm dich selbst wahr
   Mit Übungen -
   Best.-Nr. C 732
9. Das All-Prinzip Senden und Empfangen
   Best.-Nr. C 733
10. Was auch geschieht - Christus, der Halt, die Sicherheit, ist in dir!
    Best.-Nr. C 734

Cassetten je Euro 9,50. SFr 17,70

11. Unser ewiges Erbe ist Licht
Best.-Nr. C 735

12. Gott ist in allem das Ganze
- unteilbar
Best.-Nr. C 736

13. Ruhe in dir - du bist
Best.-Nr. C 737

14. Die wahre Realität ist
GOTT
Best.-Nr. C 738

15. Richte dich bewußt auf
das höchste Ideal,
das Sein, aus
Best.-Nr. C 739

16. Deine Augen sind das
Licht der Seele
Mit Übungen
Best.-Nr. C 500

17. Sei still. Erlebe dich tiefer
Best.-Nr. C 501

18. Die All-Einheit ist Farbe,
Form und Klang. Erfahre
dich als Klangkörper
Best.-Nr. C 502

19. Bejahe in den Wünschen
für deinen Nächsten das
ganze Gesetz, GOTT
Best.-Nr. C 503

20. Erlebe die Nähe Gottes in
der inneren Stille
Mit Übungen
Best.-Nr. C 504

21. Gewinne inneres Glück
durch das Bewußtsein:
GOTT ist gegenwärtig.
Er ist in allem
Best.-Nr. C 505

22. Sei still und vertraue dich
Gott an
Best.-Nr. C 506

23. Den Schein überwinden -
zur Wahrheit finden
Best.-Nr. C 507

24. Kehre ein in den Tempel,
der du bist
Best.-Nr. C 508

25. Gott ist der Atem deiner
Seele
Best.-Nr. C 509

26. Du bist ein Wesen der
Ewigkeit
Best.-Nr. C 510

27. Lehne dich an nichts und
niemanden an
Best.-Nr. C 511

28. Jeder Tag ist eine neue
Chance.
Nütze sie!
Best.-Nr. C 512

29. Das Innere Reich ist der
innere Schatz
Best.-Nr. C 513

Cassetten je Euro 9,50. SFr 17,70

Die Zehn Gebote GOTTES

Die Zehn Gebote Gottes in ihrer tiefen Bedeutung, praktisch ausgelegt - für ein Leben nach höheren ethischen Prinzipien auch in unserer Zeit.

88 S., kart.., Best.-Nr. S 338.
Euro 5,00. SFr 9,00.
ISBN 3-89201-155-9

Auch in:
en, es, fr, it, nl, pt, ro, ru, sl

Die Bergpredigt

Leben nach den Gesetzen Gottes

Zeitlose Anweisungen für ein friedvolles und erfülltes Leben - der Weg hinaus aus der Sackgasse, in der sich heute der Mensch befindet. Ein Auszug aus dem Buch „Das ist Mein Wort".

120 S., kart.., Best.-Nr. S 008
Euro 5,00. SFr 9,00
ISBN 3-89201-061-7
Auch in ar, cs, el, en, es, fr, hu, it, kr, mk, nl, pl, pt, ro, ru, se, sk, sl lieferbar

Gerne übersenden wir Ihnen auf Wunsch
ein kostenloses Verzeichnis
aller Bücher, CDs und Cassetten
sowie das Programmheft mit den Radiosendungen
im Universellen Leben.

Verlag DAS WORT GmbH
DER UNIVERSELLE GEIST
LEBEN IM GEISTE GOTTES
Max-Braun-Str. 2, 97828 Marktheidenfeld
Tel. 09391/504135, Fax 09391/504133

Online-Shop: http://www.das-wort.com